POESIE

Bibliografische Information der Deutschen Nationalbibliothek

Die Deutsche Nationalbibliothek verzeichnet diese Publikation in der Deutschen Nationalbibliografie; detaillierte bibliografische Daten sind im Internet über http://dnb.dnb.de abrufbar.

Umschlagbild: © Florian Benzer
Umschlaggestaltung: BoutiqueBrutal.com
Druck und Bindung: GGP Media GmbH, Pößneck
ISBN 978-3-99027-283-1

FSC www.fsc.org
MIX
Papier aus verantwortungsvollen Quellen
FSC® C014496

XAVER BAYER

Poesie

JUNG
UND
JUNG

In der Nacht wacht man von den Blitzen auf.
Alle paar Sekunden wird das Zimmer taghell, doch Donner und Regen bleiben am Horizont, und man denkt, man hat etwas falsch gemacht, weil man verschont wird.
Am Morgen kommt der Schmerz zu spät.
Auf dem Bildschirm die klaffende Wunde, und in der Ferne ein verhaltenes Grollen, wem zuliebe?
Pollenstaub, leuchtend gelb, Wegzehrung auf der Unbeweglichkeitsreise durch das Dunkel.
Wetterleuchten am anderen Ende des Schachts.
Und von draußen die Kuckucksrufe der Raubvögel.

SEID FURCHTBAR UND VERMEHRT EUCH NICHT
hat jemand im Schutz der Nacht in großen weißen Lettern auf die Rückseite der Kirche gepinselt.
Auf ihren Simsen dösen die Tauben im Schatten.
Darunter ein Käfig wie aus dem Zoo, darin eine Frau, die einen halbnackten, offenbar toten Mann in ihren Armen hält.
Ein Mädchen in einem Sommerkleid geht vorbei, einen Kampfhund an der Leine.
Ein Bub auf einem Roller saust in die andere Richtung.
Die Heiligen im Inneren der Kirche verharren reglos, aus kleinlicher Lust an Selbstkasteiung.
Wie Teile eines mechanischen Figurenwerks, das irgendwann stehengeblieben und nie mehr in Betrieb genommen worden ist.
Alles, was sich hier bewegt, kaum merklich, als würden sie sich verstohlen an der Wand entlang drücken wollen, sind die bunten Lichtflecken von den Kirchenfenstern.
Die Geräusche wie von einem verwaisten Dachboden.
Von draußen gedämpftes Motorenbrummen, Kindergeschrei, Musik aus einem vorüberfahrenden Auto, wie eine Blume im Zeitraffer, die auf- und gleich wieder verblüht.
Und ein Flugzeug, das seinen Schall hinter sich her zieht wie die Schleppe eines Brautkleids.
Manchmal tritt jemand ein und bleibt zögernd stehen, wie auf einem Amt, wenn er gewohnt ist, dass der für sein Anliegen zuständige Beamte gerade außer Haus ist.
Zumindest hat er, angesichts der Überwachungskameras, das Gefühl, gesehen zu werden.
Dann macht der Opferstock metallene Schluckgeräusche, der Besucher zieht sich zurück, man hört das Tor ins Schloss fallen.

Ich bin oben, ruft der Arbeiter vom Dach seinen Kollegen auf der Baustelle zu.
Und wir sind unten, ruft einer zurück, und alle lachen.
Im Haus daneben, in der Wohnung im ersten Stock, kann man einen Glasluster sehen.
Ein Büstenhalter hängt zwischen seinen Armen, die an einen Kraken erinnern.
He, Kollegen!, ruft der vom Dach, aber diesmal antwortet keiner.
In der Wohnung darunter schlichtet jemand Bücher in Bananenkartons, Wasser fließt währenddessen in die Badewanne, aufgebockt auf Holzscheiten.
In einem der Bücher sind alle Wörter, die Farben bezeichnen, unterstrichen, grau, blau, violett, grün, doch das bleibt jetzt unsichtbar.
Es rumpelt, Schutt rutscht von oben in die Mulde unten, es staubt, Menschen gehen wie durch Nebel.

Im Inneren der Glaskugel vermeint man mitten in einem Wäldchen zu stehen, das so nah am Meer liegt, dass unmöglich auszumachen ist, ob das Rauschen von den Blättern herrührt oder von den Wellen.
Hin und wieder unterbricht kurzes Geknatter von Maschinenpistolen die Gleichförmigkeit des Rauschens, oder ein Piepsen, das sich hören lässt, wenn der Laser den Strichcode erkennt.
Außerhalb der Kugel aus Glas sieht man die Wipfel der Bäume sich im Wind wiegen, als würden sie tanzen.
Seltsam nur, dass sie im Meer wurzeln und das Wurzelgeflecht so dicht ist, dass man nicht bis auf den Grund sieht.
Oder – denn auch das ist möglich – es ist der Schatten ihres Laubs.

Der angebissene Apfel bleibt auf dem Tisch liegen, als man die Wohnung verlässt.
Man will sich den Hunger bewahren oder, besser, wie die Vögel bloß hier und da aufpicken, was sich findet.
Wie viele Feiertage brauchen wir?, die Schlagzeile des Tages.
Man erinnert sich – noch vor wenigen Augenblicken ist man am Sammelcontainer für Altkleidung vorbeigekommen.
Jemandem ist es gelungen, den Großteil des Gewandes durch die Einwurfklappe herauszuziehen, und jetzt liegt der bunte Haufen auf dem Gehsteig wie Eingeweide.
Als hätte der Container sich den Bauch aufgeschlitzt, um seine Reinheit zugleich mit den abgetragenen Jacken und Blusen und Socken und Mützen und Hosen nach außen zu kehren.
So weit, so verständlich.
Doch wer schlägt nun wem den Kopf ab?

In einer Stadt, deren Häuserfassaden tätowiert sind, blickt man in der Nacht am eigenen Körper hinab und merkt plötzlich, dass auch man selbst von oben bis unten tätowiert ist.
Die Scham steigt einem zu Kopf.
Wie ist es dazu gekommen, und wieso dieses Muster?
Es sind Rechtecke und Puzzleteile, durcheinandergeworfen und ineinander verschoben, Schattierungen von Grün und Braun und Grau, als trüge man einen hautengen Camouflage-Kampfanzug.
Womöglich hat man es sogar zugelassen, dass einem das Gesicht tätowiert wurde – und als man sich an die Wange greift, als könnte man die Tätowierung ertasten, fährt man mit einem Ruck aus dem Schlaf.
Die Morgensonne hat bereits ihre Strickleitern ins Zimmer gerollt.
Man schlägt die Bettdecke zurück, blickt auf seinen blanken Körper und stellt erleichtert fest:
Man ist nackt und gänzlich ohne Scham.

Aus den Häusern ragen Köpfe, als versuchten sie, dem Mauerwerk zu entkommen.
Sollten sie es eines Tages geschafft haben, werden allein die zwei barbusigen Karyatiden, die auf ihrem Posten verharren, das Gebäude stützen.
Irgendwann wird auch ihre Kraft schwinden, und sie werden wie Säulen eines einst prächtigen Tempels aus dem Schutt ragen.
Das verschmitzte Lächeln der einen wird trotz ihrer Verwitterung noch zu erahnen sein, genauso wie das leidverzerrte der anderen und die spitzen Brüste beider.
Neben ihren Wangen werden die angewehten Samen von Schierling, Mohn und Pfeilwurz keimen, der Schuttberg wird weiter wachsen, und die Köpfe, die am Ende aus den Trümmern hervorschauen, werden uneins sein, ob sie nun zu bedauern wären oder zu beneiden.

Eine andere Baustelle mit einem fast fertigen Hochhaus.
Die Balkone des Gebäudes wie herausgezogene Schubladen.
Ein Arbeiter hämmert, und das andere, noch unfertigere Hochhaus gegenüber wirft nach jedem Schlag ein Echo zurück, in einem Abstand, lang genug für ein bisschen Wehmut.
An der Rückseite eines Baucontainers stehen ein Mann und eine Frau.
Er zieht eine Spritze aus seiner Armbeuge, als würde er sich eine Zecke entfernen, und leckt dann mehrmals über die blutende Einstichstelle.
Die Jogger auf dem Weg daneben wenden im Laufen kurz ihre Köpfe dem Paar zu.
Ihre Schritte, Gegenpulse zu den Hammerschlägen, klingen wie das Stampfen einer Maschine und erzeugen kein Echo.
Der Mann und die Frau verschwinden im Abgang der U-Bahn, der Arbeiter hört auf zu hämmern, nur die synchronen Schritte der Läufer dauern an.

Einmal, morgens, auf der Straße, als die Kinder zur Schule und die Erwachsenen zur Arbeit gehen, hat man das Gefühl, sich rückwärts zu bewegen.
Schwindlig im Kopf, denkt man: War dieser erste Schritt heute ins Außen zugleich auch der letzte?
War das der Gipfel des Lebens, und läuft von nun an alles wieder zurück?
Nein, alles Schwindel! Man dreht sich um und geht ein paar Schritte rückwärts, und siehe da – da siehe und, rückwärts Schritte paar ein geht und um sich dreht man!
Schwindel alles, nein? Zurück wieder alles an nun von läuft und, Lebens des Gipfel der das war?
Letzte der auch zugleich Außen ins heute Schritt erste dieser war: man denkt, Kopf im schwindlig.
Bewegen zu rückwärts sich, Gefühl das man hat, gehen Arbeit zur Erwachsenen die und Schule zur Kinder die als, Straße der auf, morgens, einmal.

Auf der Flucht vor den Wörtern eilt man durch die Wohnung,
den Regenschirm so knapp über dem Kopf,
dass einem niemand ins Gesicht sehen kann.
Doch es tropft auch durch den Schirm,
seine Imprägnierung ist verbraucht.
Jeder Tropfen ein Wort,
vom Plafond fallen sie herab,
und das Mauerwerk saugt sich satt,
so erzählt man sich die Stunden.

Und dann, auf einmal, fliegt man wieder im Traum,
zuerst mit etwas mulmigem Gefühl, doch schon bald mit dem Selbstvertrauen eines Vogels,
über eine begraste Talfläche,
links vorbei an einer strahlenden Atombunkerruine,
durch einen Park mit ausrangiertem Kriegsgerät,
und schließlich durch das bemooste Astwerk eines sehr alten Baums.
Sehr langsam fliegt man,
es ist, als würde man tauchen,
und die Sonne blinzelt durch den Laubschatten.
In diesem Moment inniger Friedlichkeit, geschützt in der Krone des Baumriesen, hört man die Treppe zum Dachboden knarren, wo man liegt und träumt.
Wer oder was kann das sein, das sich da nähert und nicht einmal die Mühe macht, seine Schritte zu dämpfen, und im nächsten Augenblick durch die Tür treten und einem an die Kehle fahren wird?
Man reißt die Notleine.
Sofort wird das Zimmer mit Licht geflutet, es ist Tag, und die Arbeit des Retouchierens hat begonnen.

Hier die Rufe der Tauben,
dort das domestizierte Wetterleuchten,
beides bis zum Anschlag,
dazwischen das Sternbild des großen Wagens.

Man tritt ein in die Lindenallee, geht ein paar Schritte und bleibt dann stehen.
Statt der Litanei der Bienen hört man unter den Blättern, wie der Regen einsetzt.
Am Ende der Allee, weiß man, sind die Geleise.
Man wird nicht bis dorthin gelangen, wird keine Münze auf die Schiene legen und warten, bis der Zug darüberrollt.
Man wird die plattgewalzte Münze nicht im Basaltschotter finden, sie nicht in der Hand halten, um sie zu betrachten,
und also wird man darauf auch nicht das eingeprägte Gesicht entdecken, das vorher nicht zu sehen war.
Und, wird man denken, während man nicht dem Schienenstrang folgt, was, wenn man sich in letzter Sekunde geirrt hätte?

In einem Schiff durchquert man einen Garten, sein Mittelpunkt eine Pagode aus Eis.
Sie trägt eine Inschrift.
Der Glanz der Pagode rührt daher, dass sie zu schmelzen begonnen hat.
Auf dem Fluss des Schmelzwassers treibt das Schiff dahin.
Am Ausgang des Gartens allerdings muss man seine Pakotille mit den gesammelten Aufzeichnungen zurücklassen, sonst darf man nicht passieren.
Erwacht, sieht man die Rosen blühen, als wäre es der letzte Sommer.
Die Vögel tauschen ihre Laute untereinander wie Spielbälle und verstummen nur, wenn man zu ihnen hinblickt.
Gegen Ende des Tages verbrennt man in einer Tonne im Hof die Aufzeichnungen, die Hitze strahlt bis weit in den Garten.
Spätestens jetzt bewahrheitet sich die Inschrift:
Zoll ist ein Gleichnis.

Eine Fliege zieht Kreise um das Ticken der Küchenuhr.
Auf den zerschlissenen Gardinen die Schatten des wilden Weins, seine Blätter quirlig wie eine Schulklasse vor dem Ausflug.
In der Speis dutzende Gläser mit über die Jahre eingelegten Früchten.
In den Schütten vertrocknete Kräuter und ausgelaufene Batterien.
Morgen werden Fenster und Türen geöffnet, wird das Mobiliar zerlegt und abtransportiert.
Nach ein paar Tagen ist das Haus leer,
die Sonne geht langsam wie ein alter Mann durch die Zimmer.

Am Morgen, nach dem Aufwachen, flattert ein Schmetterling mit ausgefransten Flügeln wie auf der Flucht zum Fenster herein und versucht sogleich panisch, wieder hinauszufinden.
Vorsichtig fängt man ihn und entlässt ihn ins Freie, dann sieht man im Internet nach – ein Schachbrettfalter.
Lange starrt man auf den Bildschirm, das Foto eines Schmetterlings, wie man soeben einen im Käfig seiner Hände hielt.
Als würde man erst jetzt wirklich aufwachen.
Man schaltet den Computer aus, der Bildschirm wird schwarz.
Für ein paar Sekunden weiß man nicht, wie man hier je wieder hinausfindet.

Einmal kurz nicht aufgepasst,
und schon ist die Welt verschwunden
wie eine Karte nach einem Taschenspielertrick.
Die Ähren drängen sich aneinander in Erwartung der riesigen Erntemaschinen,
und am Himmel verstreut liegen die Teile des alten Weckers,
der eines Morgens nicht mehr geläutet hat und den man öffnete, wider das bessere Wissen, ihn niemals reparieren zu können.
Winzige Rädchen, Schrauben, die Triebfeder, die Unruh, alles durcheinander und alles immer noch in geheimer Bewegung.
Man sitzt da und blickt auf die Einzelteile des Mechanismus, und mit der Zeit,
so glaubt man,
gewöhnt man sich sogar an das immer lauter werdende Dröhnen.

Die verwitterten Steinfiguren standen gestern noch allein am Rand der Dachfirste, nackt, halbnackt oder in langen Gewändern.
Heute haben sich andere zu ihnen gesellt und leisten Beistand vor dem anscheinend unausweichlichen Sprung in die Tiefe.
Der Fluchtweg ist ihnen versperrt, obwohl man keine Flammen aus den Fenstern der unteren Stockwerke schlagen sieht.
Sind es überhaupt echte Häuser, oder ist die Stadt über Nacht zu einer Filmkulisse geworden?
Vielerorts ist der Stuck an den Fassaden aufgebissen und offenbart sein Inneres: Styropor.
Die weißen Kügelchen säen sich im Wind von selbst aus,
beginnen in den Ritzen des Asphalts zu keimen, blühen und bilden von neuem Styroporsamen.
Alle paar Jahre formen die Kinder Bälle daraus und ziehen in die Schlacht.
Heiter lärmend bewerfen sie einander,
und es macht auch Freude, ihnen zuzusehen,
doch weiß man nie so recht, wer von ihnen zu welcher Seite gehört,
denn sie tragen alle die gleiche steingraue Uniform.

Auf dem Asphalt ein zerplatztes Ei, um das die Passanten einen Bogen machen, während sie den Blick abwenden, als würde es sie an etwas Unschickliches erinnern.
Ein Wort,
und schon ist man ins Netz gegangen.
Da liegt man nun, gefesselt, und die Sirene höhnt.
Alles Narren!, hört man einen der Passanten sagen.
Doch dann, gerade als man es nicht erwartet, sieht man, wie sich jemand in der Nähe bückt, um etwas aufzuheben.
Und tatsächlich, es ist ein Ei, unversehrt und klein genug, dass es durch die Maschen des Netzes passt.

Man fühlt sich vom Mond ertappt, doch wobei?
Groß und gelb, ein Ureinwohner, und man selber ein Konquistador, die täglichen Toten abzählend an den zwölf Fingern.
Die Goldmünze, die man in einer der vielen Taschen gefunden hat, schmilzt man ein und gießt sie zu einer Kugel.
Man behält sich vor, dem Putsch zuvorzukommen, doch einen Augenblick später ist der Mond im Münzschlitz des Horizonts verschwunden.
Noch einmal gutgegangen, denkt man und spielt nachtwandlerisch mit der Kugel zwischen den Fingern.

Tagaus, tagein sitzt man in seinem Container und beobachtet, wie das Geschehen die offene Schranke passiert und sich eigenmächtig auf der Deponie ablädt.
Irgendwie verwunderlich – es brauchte einen gar nicht, und trotzdem ist man täglich zur Stelle.
Man muss keine Zulassungskarte kontrollieren, keine Anweisungen erteilen, es ist einerlei, ob man das eintreffende Geschehen durchwinkt oder nicht.
Wie hat man diesen Posten eigentlich bekommen?
Entlohnt wird man allein durch den Anblick und hin und wieder dadurch, dass man selbst zum Geschehen und als solches zur Schau gestellt wird.
Auf der Deponie jedenfalls wachsen die Häufchen und Haufen und Berge mit alldem, was die Schranke passiert hat,
und wenn sich diese am Ende der Öffnungszeit wie von Geisterhand schließt, macht sie ein zaghaftes Geräusch,
das klingt wie ein Ja.

In der Nacht das Lager des Grillenheers, seinerseits ausgespäht vom Mond, dem Suchscheinwerfer, dem keiner entkommt.
Am Atem des Schläfers hallt der unerwiderte Ruf der Lotsen.
Mit jedem Zug am Seil kräht die Takelage.
Der Schläfer in den weitläufigen Aquakulturen der Träume dreht sich langsam, langsam, bis seine Breitseite zum Angriff einlädt.
Und dann ist, wie jeden Morgen, seine Flotte zerstört, eine Heimkehr vorerst ausgeschlossen.
Nun geht es darum, die Straßen zu beleuchten, Arithmetik zu treiben und Theater zu spielen.
Erst wenn alles, Licht, Theater und Arithmetik, in eins fällt, ist der Zeitpunkt günstig, sich davonzustehlen,
langsam, langsam, mit dem Rücken zur Wand, leichte Beute.

Heute, in so und so vielen Jahren.
Die Karten werden zügig ausgegeben, Licht, Schatten, wieder Licht.
Plastikstühle im Huckepack, Licht, darunter ein Libellenflügel, erneut Schatten.
Die von Künstlerinnen gestalteten Gefängniszellen lassen nichts zu wünschen übrig.
Man kann sich selbst über die Schulter schauen, und was sieht man?
Eine Leiter, einen Apfel, eine Sonne, die eine oder andere Himmelsrichtung und Kiebitze.
Sie bewachen die offenen Zellentüren und beginnen mit ihrem Hochzeitsflug erst, wenn man sich in den Gedanken an Flucht verstrickt hat.
Oben mäht ein Flugzeug die Wolken ab, unten zerlegen Ameisen den Libellenflügel.
Ein dünnes Rauchrinnsal schlängelt sich ins Freie, das Heute schnappt zu, man ist das Draußen.

Je achtsamer man schaut,
desto länger dauert der Weg.
Irgendwann wächst ein Gänseblümchen zur Größe eines Mammutbaums, und man selbst ist zum Winzling geschrumpft.
Der Weg indessen ist kein anderer, doch umso näher man sich kommt,
desto größer wird auch die Entfernung,
bis man auf einmal merkt, dass man in einem Sternenhimmel schwebt,
ein Stern unter unzähligen anderen, still in sich wirbelnd, und das dauert so lange wie dieses Gedicht.
Und unversehens ist man wieder unterwegs,
als ungeschlachtes Mammut, das die Gänseblümchen zertritt,
die sich widerstandslos beugen und brechen,
und am Rand der Wiese angelangt, ist man weniger am Ziel denn je.

Die Schatten zweier einander umkreisender Fliegen auf der verwitterten Scheunenwand:
die fälschungssichere Unterschrift des Seins.
Am Ende Schwärze, zusammengehalten von Nägeln aus Licht,
und von den Seiten winden sich Rosen und Wein, unter deren Blättern die Fliegen von Zeit zu Zeit rasten, um noch mehr Schattentinte zu tanken.

Wie eine optische Täuschung taucht das Zerwürfnis zwischen den Baumstämmen auf.
Es treibt ein und hinterlässt Spielschulden, die bei Berührung zu Asche zerfallen.
Es schnalzt zwischen jedem Tropfen mit der Zunge, schon an der innersten Quelle ist sein Ursprung.
Es deklamiert seinen monotonen Auszählreim.
Es schickt von Teufelskerlen gelenkte Spielzeugautos ins Rennen.
Es schneidet alles in exakt gleich große Stücke.
Und fast unmerklich klopft dabei das Erdbeben die Ziffernsumme an seine Sohlen.

Abseits, zwischen den Pfaden, der zerfallende Neubau.
Im Inneren bröckelt der Plafond, der feuchte Teppichboden wölbt sich, die Polstermöbel grau von Schimmel und die Fitnessgeräte umrankt vom Efeu, der durch die zerborstene Terrassentür eingedrungen ist.
Die Treppen zum Garten von Dornengestrüpp überwuchert.
Eines Tages sind die ehemaligen Besitzer da, ein alter Mann und eine alte Frau.
Sie erwidern keinen Gruß, scheinen einen gar nicht zu sehen – tatsächlich, als sie die Köpfe heben, blicken sie durch einen hindurch, wie durch ein Gespenst.
Sie bücken sich und zupfen das winzige Moos, die Grashalme, das Unkraut zwischen den Fugen vor dem rostenden Garagentor, stopfen es sich in die Taschen.
Am nächsten Tag sind sie verschwunden, auch danach keine Spur mehr von ihnen.
Die Fugen im Boden vor der Garage sind bald schon aufs Neue voll mit Wildwuchs.
Man tritt näher an den zerfallenden Neubau, legt die Hände an seine Mauern.
Sie fühlen sich warm an.
Da öffnet sich die Tür, und heraus trotten mit gesenktem Kopf ein Panther, ein Leopard und ein Jaguar: Sie ergeben sich.

Man mag es glauben oder nicht.
Die Krähe landet auf dem Brunnenrand und trinkt aus dem vollen Becken.
Dann kommt ein Straßenkehrer und leert die Abfallkübel, einen nach dem anderen.
In der verblühten Linde landet eine Schwebefliege auf einem sonnendurchschienenen Blatt.
Von unten sieht man ihren Schatten durchschimmern.
Die kleine Bühne am Rand des Platzes ist leer.
Das Kettenkarussell nicht in Betrieb.
Ein vertrocknetes Lindenblütenblatt mit drei Samenkügelchen fällt, sich drehend, vom Baum.
Eine Frau geht in kleinen Schritten am Brunnen vorbei.
Die Krähe bleibt sitzen.
In der Glastür am Abgang zur Tiefgarage spiegelt sich ein Radfahrer.
Über dem Platz flitzen Schwalben dahin.
Leicht bewegt ein Wind den Stoff der zusammengeklappten Sonnenschirme.
Man mag es glauben oder nicht.

Man erwacht vom einsetzenden Regen.
Der Wald ist leer und heiter, die Häuser sind verlassen.
Die versteinerten Musikanten liegen kopfüber im Teich, vereinzelte Seerosen.
Eine Leiter aus Holz lehnt an einer freistehenden Mauer.
Sie ist nicht hoch genug, dass man über sie blicken könnte, aber man kann um sie herumgehen.
Da hört man ein Geräusch.
Ein weiterer Musikant ist in den Teich gestürzt.
Man nimmt die Leiter unter den Arm, trägt sie zum Ufer und lässt sie ins Wasser gleiten.
Langsam treibt die Leiter in die Mitte des Teichs, unbeirrt von den Einschlägen der Regentropfen, die die Oberfläche des Wassers anfangs unterwürfig angetippt haben, aber schon bald herrisch durchlöchern.
Und jetzt erst hört man leise die Musik,
heiter und leer und endlos und ohne Maß und Ziel.

Dieser eine Spinnfaden zwischen Sesselbein und Sonnenschirm.
Reißt er, stolpert man und verstummt.
Ein Samenflaum schwebt über die verlassene Baustelle und den verwilderten Park.
Auf der Terrasse der ehemaligen Orangerie stehen ein Plastiktisch und ein Sessel.
Aus dem mit Regenwasser gefüllten Aschenbecher trinken die Wespen.
Der Wind zieht am Spinnfaden.
Wenn man schließlich aufgestanden sein und den Weg hinab zum Fluss eingeschlagen haben wird, dann wird alles so bleiben, wie es jetzt gerade war, endgültig.
Dieser Tisch, der Sessel, der zusammengeklappte Sonnenschirm, der Wind wird im Buch blättern, und die Wespen werden aus dem Aschenbecher trinken.
Der Wind und das Grün des Parks,
strahlend wie nur je möglich am Kipppunkt des Sommers, in dieser einen Stunde,
in der Gerichtsbarkeit dieses einen Tages.

Gut, dass man die Augen wieder geöffnet hat.
Ein Mann ist auf der Uferstraße zu sehen.
Er trägt weiße kurze Hosen, ein Ruderleibchen und über Mund und Nase eine weiße Maske.
Rechts und links in seinen Händen zwei Plastikschwäne, an den Hälsen gepackt, weiß.
Die Uferböschungen überwuchert von Ambrosia, Goldrute und Springkraut.
Der Wald zugewachsen mit Knöterich.
Gegenüber die Verkaufshalle für Kleidung und das aufgelassene Marktcafé, davor ein Mast mit Kameras in alle Richtungen.
Eine Kleiderpuppe fällt um und bleibt liegen, weil niemand es bemerkt.
Die Kirchturmglocke schlägt zehn Mal, wie um einen zu Boden gegangenen Boxer auszuzählen.
In der Werkstatt zwischen der Verkaufshalle und dem vor dem Abriss stehenden Fabriksgelände montiert ein Mechaniker Autoreifen.
Die anderen sitzen um einen Tisch, trinken Kaffee und rauchen.
Musik aus einem alten Radio.
Lange schweigen alle, dann sagt einer etwas, und sie biegen sich vor Lachen.
Gut, dass man die Augen wieder aufgemacht hat.

Im ersten Stockwerk eines ehemaligen Lustschlösschens mit Freitreppe, Gartenanlage, Wandmalereien, Volieren und Brokatvorhängen,
alles etwas desolat und vergilbt,
hat sich im großen Salon eine Gruppe von Menschen versammelt
und betrachtet einen Trupp von Tanzrobotern, die wie Derwische in Linksdrehung durch den gespenstisch stillen Raum wirbeln, in dessen Mitte auf dem Parkett ein Feuerlöscher in Flammen steht.
Mit der Zeit werden die sich synchron bewegenden Roboter langsamer, kommen zur Ruhe.
Einer nach dem anderen fordert jemanden von den Zuschauern zum Tanz auf.
Schließlich sieht man den Salon voller Walzer tanzender Paare, immer ein Roboter und ein Mensch.
Musik ist nach wie vor keine zu hören,
nur ab und zu stößt einer der Tanzenden einen Jauchzer aus,
vom Plafond lösen sich Teile des Verputzes,
der Feuerlöscher im Zentrum brennt weiter vor sich hin.
Die Hitze ist mittlerweile so stark, dass die Vögel in den Volieren ihre Flügel spreizen und die Schnäbel weit aufgerissen haben
in flehentlicher Erwartung der fallenden Schatten.

Die sich im Wind bewegenden Tischtücher.
Eine Fliege, die über den Tisch irrt, als suchte sie verzweifelt etwas Verlorengegangenes.
Ein dürres Blatt, das raschelnd über die weißen Begrenzungslinien des leeren Parkplatzes weht,
darüber ein Schmetterling, der ebenfalls wirkt, als hielte er vergeblich in allen Ecken nach irgendetwas Ausschau.
Sorgfältig streicht man Wort für Wort durch,
kehrt den zerstörten Brücken, den verbrannten Dörfern, den Brunnen, in die man Tierkadaver geworfen hat, den Rücken,
streicht zuletzt auch diese Wörter aus
und verlässt das ewige Feld der Niederlagen als Sieger für den Augenblick.

Durchzogen ist man von einem Netzwerk von Wegen,
Trampelpfaden und Chausseen der immer wieder, mit Abweichungen oder Umwegen, einmal gefassten und wieder laufengelassenen Gedanken.
Manche undurchdringlich, verwachsen,
manche Durchschlupfe, zu eng geworden.
Man kann höchstens durch sie hindurch sehen wie durch ein umgedrehtes Fernglas.
Andere ausgetreten, asphaltiert, Auszugs- und Einfallstraßen des mechanischen Denkens.
Wiederum andere, Treidelwege, die einem ihre Bahn entlang der Flussläufe aufzwingen wollen.
Schmugglerpfade, auf denen die Konterbande gefährlicher Denkspiele transportiert wird.
Und gewisse Gedankenesplanaden, auf denen sie auf und ab flanieren, stehenbleiben, einander betrachten
oder den Blick auf die schwarze Sonne mit ihrem gleißenden Strahlenglanz richten,
auf die Wurzel des Gedankengeflechts.
Der Weg dorthin verläuft im Kreis,
leicht ansteigend,
gangbar gemacht durch die zahllose Trittspuren entlang der Tretmühle,
derer ohne Augenlicht, derer ohne Wahl.

Ein dunkler Morgen mit tieffliegenden Wolken.
Auf dem abschüssigen Weg durch die neue Siedlung auf der Suche nach dem Märchenwald folgt einem ein Polizeiauto.
Den Märchenwald findet man, aber er hat geschlossen.
Man hält am verwaisten Parkplatz, und das Polizeiauto rollt sehr langsam vorbei.
Regen setzt ein, die Windschutzscheibe beschlägt, und in ihrer Mitte kommen Zehenabdrücke zum Vorschein.
Während der Regen stärker wird, fährt man mit dem Finger über die beschlagene Scheibe, man zeichnet Formen, Umrisse, Linien, Spiralen, Arabesken und Girlanden,
und endlich sitzt man einem Labyrinth gegenüber,
dessen Mitte und Ausgang die Zehenabdrücke sind.
Ein Eingang ist nicht zu erkennen, der Irrgarten auf der Windschutzscheibe ist von einer durchgehenden Linie wie von einer Mauer umgeben.
Der Regen prasselt jetzt so hemmungslos herab, dass man keine drei Meter weit sieht.
Das ist der richtige Zeitpunkt.
Man startet den Wagen, weiter hügelabwärts,
immer das Herz des Labyrinths vor Augen.

Man schrickt empor aus dem Traum, als das Telefon den üblichen Ton von sich gibt, der erklingt, wenn Nachrichten eingehen.
Nach wenigen Momenten wird einem klar, dass es das nicht gewesen sein kann, das Telefon ist ja über Nacht ausgeschaltet.
Man steht auf und schaltet es ein.
Kurz darauf ertönt der vertraute Ton.
Man legt das Telefon hin, ohne die Nachricht zu lesen.
Stattdessen verlässt man das Haus und geht drauflos, bis man am Rand eines Maisfelds zum Stehen kommt.
Die Pflanzen sind braun, verdorrt, staubtrocken.
Während man ein Blatt zwischen den Fingern zerreibt, verfolgt man das Kurvengleiten eines Raubvogels, einen Funken im Herzen,
der im Weitergehen aufglimmt, zu einer kleinen Flamme wird, klein, winzig klein sogar, aber hell genug, um die Nachricht sichtbar zu machen:
Und das Träumen selbst ein Traum.

Die winzigen Insekten kritzeln Notate in die Luft.
Am Waldboden eine vertrocknete Schlangenhaut, ein rötlicher Pilz, eine Tonscherbe.
Die Spinnen, in ihren Netzen zwischen den Zweigen, leuchten in der Morgensonne.
Die Nüsse hängen schwarz am Baum.
Gliedmaßen ragen aus der Erde.
Keiner ist der Andere und jeder er selbst.

Dieses Jahr fallen die Eicheln frühzeitig und in Erbsengröße.
Versteinerte Augen.
In Blickweite die grölende, seekranke Schar,
Wahnsinn vortäuschend.
Ungeachtet dessen würgen die Eichenblätter ein Geräusch hervor,
von dem man nicht weiß, ist es betretenes Geräusper
oder Schlussapplaus, der sich selbst zerknüllt.

Das Licht, während sich die Sonne hinter dem Schattenriss des Horizonts noch aufwärmt,
das byzantinische Glockenmosaik und die Trommeln der sich selbst belagernden Heerscharen,
knapp vor dem Aufbruch,
wenige Momente, bevor die Sonne freigelassen wird und alles vor ihr zurückweicht,
vor ihrer Forderung nach totaler Abstraktion,
vor ihrem Unwillen zu verhandeln.
Immer enger schnürt sie das Korsett,
und dann ist sie auf einmal verschwunden.
Zurück bleiben der Vogel und das Schiff.

Am unteren Bildschirmrand die zwei Palmen und das Meer.
Oben Festland, Himmel, Wolken.
Die Leere, das Nichts, links und rechts, wird von den im Wind schaukelnden Leintüchern nachgestellt, die nicht ganz sauber geworden sind,
sowie durch dunkelblaue Vorhänge aus Segelleinen, starr vor Staub.
Die Zeit, die das Boot benötigt, um vom linken zum rechten Bildschirmrand zu fahren,
braucht auch die Wunde, die den Kopf in zwei Hälften teilt, um zugefügt zu werden, zu heilen und zu verschorfen.
Ist der Schorf abgefallen, hat man das Ziel erreicht.
Man hat gesehen, was man sehen wollte,
noch ein letzter prüfender Blick durch die Kamera,
und jetzt, ohne mit der Wimper zu zucken, Schwarz.

Man steht nackt inmitten des neu eröffneten mehrstöckigen Möbelhauses,
die Sehnsucht, die man verspürt, ist die nach Sehnsucht.
Um einen herum hört man die Wellen an die Mauern des Gebäudes klatschen.
In der linken, zur Faust geballten Hand hält man den Stachel eines Seeigels verborgen.
Er bohrt sich einem in die Haut.
In der Rechten hat man eine Handvoll Kieselsteine.
Man lässt immer wieder ein paar davon in den gezahnten Schlitz fallen, in dem die Rolltreppe fortlaufend verschwindet.
Als sie den letzten Kieselstein verschluckt hat, öffnet man die leere Hand und tippt mit einem Finger auf den Bildschirm, aber er reagiert nicht.
Vielleicht funktioniert es mit der anderen Hand, denkt man und öffnet seine Linke.
Darin Teile eines zerbrochenen Seeigelstachels.
Man steckt einen nach dem anderen in den Mund und zermahlt sie mit den Zähnen.
Den Zeigefinger der Rechten taucht man in das bisschen Blut auf der Handinnenfläche der Linken.
Dann tippt man noch einmal auf den Bildschirm.
Jetzt funktioniert es.

Beharrlich zieht die Sonne am frühen Morgen die Schattendecke von der Welt.
Anders als der Illusionist, der mit einem Ruck das Tischtuch unter den Tellern und Gläsern wegzieht,
viel langsamer,
aber trotzdem bleiben auch hier die Bäume und Häuser an ihrem Platz.
Und selten nur fällt etwas um,
ein morscher Telefonmast oder ein ungeschickt gebautes Kartenhaus,
und selbst dann quittieren die Schwalben die Darbietung mit Pfiffen der Bewunderung.
Davon unbeeindruckt holt die Sonne weiter ihr Schattennetz ein,
darin man selbst, Mitmensch, mitgefangen.

Nur einen Augenblick, dann ist die junge Frau verschwunden, in ihrem Badeanzug, der genau dieselbe Farbe hat wie das Meer,
sodass es aussieht, als wäre sie durchsichtig,
wie sie da halb im Wasser steht und dem Kind auf dem Strand einen Ball zuwirft,
mit vor Selbstvergessenheit strahlendem Gesicht,
in dem einen Moment, da eine winzige graue Wolke sich zwischen Sonne und Welt schiebt, nur einen Augenblick.

Sie heulen vor Hunger, die Sirenen,
sie leiden an der Verschwiegenheit der Wellen,
die von den vorüberfahrenden Schiffen stammen.
Sie leiden und hungern, aber sterben können sie nicht, wie auch die Verheißung nicht sterben kann.
Der Oleander lässt sein purpurnes Laub fallen, Blatt um Blatt,
die Katzen wetzen ihre Krallen an den Baumstämmen, ein Schaf blökt,
das Echo überschlägt sich mehrmals,
und da ist dann noch ein ganz in sich verwickeltes Telefonkabel, altmodisch.
Die Sirenen hingegen absolut modern:
Who let the gods out?

Das Startband ist ein schwebender Altweibersommerfaden.
Die Strecke beginnt am Rand des Industriegebiets, auf den leeren Parkplätzen der abgesiedelten Diskontmärkte,
wo das Gras aus den Ritzen wächst und die Mistkübel überquellen.
Der Slalom verläuft zwischen einzelnen Kinderschuhen, abgebrochenen Koffergriffen, einem aufgeplatzten Plastiksack mit abgenagten Hühnerknochen, zerdrückten Energydrinkdosen, leeren Blisterstreifen
und führt dann längs der Rückseite des neuen Einkaufszentrums weiter, wo gelegentlich eine Angestellte aus einer Hintertür ins Freie tritt, eine Zigarette raucht und auf ihr Mobiltelefon starrt.
Dann, bei den Ruinen der ehemaligen Fabrik, biegt man zum Bahnhof ab, steigt über die Schienenstränge hinweg bis zu der Stelle, wo die ausrangierten Garnituren vor sich hin rosten.
Beim stillgelegten Kieswerk geht man am Bach entlang, vorbei am Friedhof, dem Freibad, den seit Jahren unbenützbaren Eislaufgruben.
Man lässt den Campingplatz rechts liegen, das Hochwasserauffangbecken zur Linken, weiter dem Bachverlauf folgend.
Der Zielpunkt ist eine seit Jahrzehnten leerstehende Wochenendhütte mit Wellblechdach, von allen Seiten mit Brombeergestrüpp zugewachsen.
Dort verlässt der Bach die Ebenen der Monokulturen und gelangt in den größtenteils geschlägerten Wald.
Bei der kleinen Brücke bleibt man stehen und blickt dem unmerklich dahinfließenden Wasser nach, als triumphierender Letzter.

Drei Tage vor Ende der Saison.
Freibad, geöffnet.
Der Schalter, wo man für den Eintritt bezahlt, ist unbesetzt.
Die Umkleidekabinen leer.
Das Buffet geschlossen.
Nur die Badewartin liegt am Beckenrand, raucht eine Zigarette und schaut in den Himmel.
Ab und zu fährt sie mit ihren Zehen durch das Wasser.
Die Bäume auf der Liegewiese haben ihre schweren Herbstschatten ausgebreitet.
Nicht ein Besucher.
Wenn man jetzt keinen Fehler macht, wird sie ewig dort liegen.
Man darf sich nur nicht rühren, kein Wort verlauten lassen und nicht zu lange in der Betrachtung versunken bleiben,
sondern, sobald man begriffen hat, dass es jetzt am schönsten war, muss man sich augenblicklich umdrehen und gehen.

Man hat zwischen den Sekunden Deckung gesucht und darüber die Zeit vergessen.
Jahre klingen wie Züge aus der Ferne, wie das Gefiederrauschen eines vorbeifliegenden Vogels.
Währenddessen hat man sich allen Aufmerkens entledigt, den Blick gesenkt, ein Schritt mit dem rechten Fuß, ein Schritt mit dem linken, die zunehmend enger werdende Wendeltreppe empor.
Ein Schmetterling, verschwenderisch bunt, taumelt in Zeitlupe durch das Bild.
Schritt für Schritt pulsen die Stufen wie organisches Gewebe, bis sie sich zu einem Knäuel verwirren.
Auf höchster Höhe schreckt man auf.
Durch die fingerbreiten Lücken im Traum lässt sich erahnen:
Das Leben dauert nur einen Wimpernschlag.

Im Leeren erstarrt, hängt die Welt an sich selbst.
Globusgefühl.
Am Rücken zwei Narben, murmelt man vor sich hin,
während der Wind marodierend durch den verlassenen Basar streift.
Die Münze am Boden ist festgeklebt, das Spiegelkabinett geschlossen.
Eine bestimmte Anzahl von Isobaren spinnt unablässig die Erdkugel ein.
Eine Wespe ist im Zuckerstreuer gefangen.
Niemand blickt durch das verstaubte Fenster nach innen.
Nur Penelope spricht noch mit sich selber.

Spätestens jetzt ahnt man, dass man etwas verloren hat, man weiß nur nicht, was.
Die rote Erde auf den Wegen zwischen den Dünen?
Die duldsam tickende Küchenuhr, die jeden Morgen darauf wartete, aufgezogen zu werden?
Die Scherben des Glases, das man fallen ließ?
Aus Verlegenheit zückt man das Telefon, um nach der Zeit zu schauen.
Gar nicht so spät, aber es dunkelt schon.
Man wird die Nacht vielleicht im Wald verbringen müssen, den unbekannten Lauten vertrauen und die Sterne zählen.
Am Morgen wird man früh erwachen, verlassen von der Angst, die es irgendwann im Verlauf der Stunden aufgegeben hat, Sturm zu läuten.

Für einen Atemzug bilden fünf Tauben vor dem hellen Morgenhimmel zwischen den Dächern ein Sternbild nach.
Unter ihnen Kräuterbüschel, Haufen von Pilzen und Weintrauben, von Kürbissen und Äpfeln.
In der Fuge zwischen Haus und Gehsteig eine Brennnessel.
Man steht da, sieht dem Treiben zu, und mit einem Mal ist es offiziell: Die Pyramiden sind geplündert, und die Schaulustigen ziehen wie zu den Stoßzeiten in den Gängen der U-Bahn durch die ausgeleuchtete Grabkammer, am Herz des Pharaos vorbei.
Später ist die Marktstraße menschenleer, nur noch Fetzen von Lauch, zertretene Weinbeeren und einzelne zurückgelassene Früchte im Rinnstein.
Die Erbauer der Pyramiden bücken sich nach ihnen, wenn sie abends nachhause gehen, und ehe die Nacht kommt, zeichnen die Fledermäuse ihre Unterschrift unter den Vertrag.

Um einen Ast des gefällten Baums hat sich eine junge Schlange geringelt.
Eine Frau löst sie behutsam herunter und legt sie auf die Erde, wo sie alsbald unter einem Haufen von Zweigen verschwindet.
Später, wenn man innehält und zurückschaut, wird der Uhu im Gebüsch sein Federkleid sträuben, der Habicht aus dem Nussbaum auffliegen,
und endlich, auf den nächtlichen Hängen, werden ihre Augen vor Wonne und Wollust funkeln.

Man durchmustert auf dem Bildschirm die Fotos, die man von sich gemacht hat,
und löscht jedes, auf dem man sich nicht gefällt.
Am Ende hat man alle Fotos gelöscht.
Man schaltet den Computer ab und blickt aus dem Fenster in den Himmel.
Eine Wolke ähnelt einer Schildkröte, eine andere einer Ente, gefolgt von ihren Wolkenküken.
Eine dritte sieht aus wie ein Auto.
Man kann nicht lange hinschauen.
Das Grausame nicht weiterleiten, denkt man, das Schreckliche im Keim ersticken, anstatt es in den Samen gehen zu lassen, sodass es sich ausstreut und vermehrt.
Dann nimmt man einen Stift und beginnt, etwas auf der Tischplatte zu zeichnen.
Was da, Strich für Strich, entsteht, ähnelt zuerst einer Wolke, dann einem Tier und schließlich einem Allerweltsgesicht.
Übergangslos steht man auf, packt seine Sachen und verlässt das Großraumbüro.
Um den Rest muss sich das Reinigungspersonal kümmern.

Wahrscheinlich wegen der Traumbegegnung mit dem Tod,
diesem zuverlässigen Enjambement,
der von hinten als Frau in einem Netzkostüm mit Pelzstola auftritt
und von vorne ein hässlicher blinder Mann ist, bewaffnet mit einem Scharfschützengewehr –
wahrscheinlich deswegen sucht man beim Gehen durch die regennassen Straßen in jedem Gesicht gierig nach einem Lebenszeichen,
und was man findet, ist in den Augen einer alten Frau der Ausdruck eines Kindes
und in denen eines Säuglings ein schwarzes Loch.
Und währenddessen von allen Seiten das Gekrächz der Elstern, denen man all jene Goldringe hinstreuen möchte,
die vor der Nacht abgestreift und neben dem Bett abgelegt werden.

Man positioniert sich in der Mitte der breiten Fußgängerzone im Stadtzentrum
und hält zwei Schilder in die Höhe, die man selbst beschriftet hat.
HALTET INNE!, ist in dicken Lettern auf dem einen zu lesen,
auf dem anderen steht: KEHRET UM!
Man hat sich zuhause lange den Kopf zerbrochen, welche Art von Gewand man dafür anziehen soll.
War man anfangs überzeugt, der eng geschnittene Anzug eines Geschäftsmannes wäre das Passende, entschied man sich letztlich doch für eine clowneske Kostümierung,
bunt zusammengewürfelt, mit sich schlagenden Farbkombinationen,
die Hosen zu kurz, der Pullover zu weit,
zwei unpaarige Schuhe,
der Hut der Gipfel der Lächerlichkeit.
Auf die Lider hat man sich Pupillen schminken lassen, sodass man mit geschlossenen Augen dastehen kann, während die Passanten glauben, man könne sie sehen.
Und wie erwartet, erntet man nicht wenige Lacher.
Man merkt, dass man fotografiert wird,
so mancher wirft einem eine Münze vor die Füße,
es fällt auch das eine oder andere mitleidige oder abschätzige Wort.
Dann beginnt es zu regnen.
Man schlägt die Augen auf.
Man hat nicht bedacht, dass der Regen die Schrift abwäscht, und reckt nur noch blanke Schilder in die Höhe.
Da hören die Passanten auf, einen auszulachen.
Als hätten sie Angst.
Wie man es macht, macht man es falsch, richtig?

Sie sagt: Es ist alles Mathematik.
Er sagt: Es ist alles Poesie.
Dann wird ihr Gespräch durch den Kellner unterbrochen, der weitere Getränke bringt.
Man sitzt am Nebentisch und blickt aus dem Fenster.
Draußen hebt ein Schwarm Tauben von einem Dach ab, fliegt eine Achterschleife und landet auf demselben Dach.
Unten, auf dem kleinen Platz, packt der fahrende Blumenhändler seine leeren Kisten in den Lieferwagen.
Eine Frau bleibt vor dem Kübel mit den letzten Sonnenblumen stehen und nimmt zögerlich eine heraus.
Zuerst glaubt man, sie spricht mit der Blume, dann entdeckt man den weißen Stöpsel in ihrem Ohr.
Nachdem sie gezahlt hat und sich weiter telefonierend entfernt, räumt der Händler die restlichen Kisten in den Wagen.
Und dann sagt hier drinnen zufällig ein paar Atemzüge lang niemand ein Wort.

Das Spiel wurde abgebrochen.
Es war nämlich auf einmal kein Spiel mehr, und das kam so:
Das Ungeheuer hatte sich selbst gezähmt,
und nahezu alle Mitspieler waren freiwillig zu Kriegsgefangenen geworden.
Über etwaige Wunden wurden Fingerhüte gestülpt,
bunt wie die Zehennägel Gottes und für Zaubertricks geeignet.
Wohin ist zum Beispiel der rote Fingerhut verschwunden?
Er taucht hinter dem Ohr eines Zuschauers wieder auf.
Was für ein Dummkopf!
Alle lachen, auch er selbst.
Doch plötzlich ein lauter Knall wie von einer Explosion.
Ein Blaulicht geistert durch den Raum, alle schrecken kurz hoch und blicken dann wie auf Kommando zurück auf ihre Bildschirme.
Und die Bildschirme blicken in sie.

Wie der Abspann eines Films,
der zu schnell läuft,
als dass man mitlesen könnte,
so muss man dazuschauen,
dass man verschwindet.
Es bleiben die vereinzelten Kinder auf dem Schulweg,
der Zuspruch der Vögel,
der Sessel,
noch warm vom Körper derjenigen,
die gestern hier saß,
am Spinnrad,
unabwendbar,
außerhalb der Geschichte,
meine Rede.

Am Morgen nach der kalten Nacht
rappelt sich das Gedicht auf vom harten Beton,
taumelt benommen ein wenig hin und her,
vornübergebeugt, als würde es etwas auf dem Boden suchen,
und verliert dabei einzelne Wörter.
Es setzt sich eine Stirnlampe auf, klaubt sie
und die anderen im Traum verlorenen Sachen zusammen
und hat dabei nur den Blick für das Wesentliche.
Währenddessen rinnt es einem selbst warm den Rücken hinunter,
und als man zu dem Blatt Papier zurückkehrt,
ist das Gedicht verschwunden.

Man kommt sich vor als heimlicher Bewohner seines Körpers.
Wie der Kranführer oben in der Kabine des Krans,
so fühlt man sich von der Kopfschale umgeben.
Die Höhe macht einen schwindeln.
Unten sieht man das ausgetrocknete Flussbett, den verwilderten Garten.
Man sieht die verlorengegangenen Murmeln,
sie sind eines Tages von selbst davongehüpft.
Man sieht auch seine eigenen Füße.
Sie baumeln über der Tiefe.

Man spannt eine Schnur, ohne zu wissen, zu welchem Zweck.
Das eine Ende verknotet man an der Dachrinne, das andere am Fliederbusch.
Ein Ast reißt dabei ab, und erst jetzt bemerkt man, dass er ja schon ganz morsch war.
Aber warum tut man das?
Man will keine Wäsche aufhängen, keine Lampions, man will niemanden hinterhältig zu Fall bringen, und doch hat man diese Schnur gespannt.
Das Rätsel löst ein Fremder, der wie aus dem Nichts an einen herantritt und den abgerissenen Fliederast in der Hand hält wie eine Fackel.
Man spricht ihn an und sagt:
Es ist zu düster, ich kann nichts sehen.
Er antwortet:
Es ist zu düster, man kann nicht gesehen werden.

Zwischen den Wörtern klaffen Abgründe,
in denen tödliche Saaten schlummern.
Während man die Pontonbrücke quert,
teilt sich der Blick.
Das eine Auge, fokussiert, im Forschermodus,
das andere ein blinder Passagier,
der im dunklen Frachtraum des Eisbrechers sein Fernrohr unaufhörlich dreht wie ein Kaleidoskop,
und die Welt dreht sich mit.
Der weiße Fleck auf der Landkarte sticht ins Auge,
und letztlich steht man orientierungslos zwischen exklusiven Clubs und Gräbern,
auf denen marmorne Engel liegen und himmelwärts starren.
Die unbekannte Schöne küsst derweilen den betrunkenen Clochard,
und zurück bleibt ein unscheinbarer Trichter.

Ein Pfeil steckt im Efeu.
Dahinter der reißende, über die Ufer getretene Fluss.
Schamloser Regen,
der das Moos in den Astgabeln pechschwarz färbt.
Und zwischen den nassen Mondviolen
lauern die Nachtfalter reglos auf die fallenden Reiter.

Der Anblick einer grünen Regentonne aus Plastik hinter einem Holz-
schuppen,
randvoll,
kleine Äpfel schwimmen darin, glänzend
in der Morgensonne.
So wie jeder einmal über sich selbst stolpert,
gibt es kein Auskommen auf Dauer.
Denn hinter allem liegt die Wildnis.
Und demzufolge notiert man.

In einer Falte des Vorhangs eine Wespe im Winterschlaf,
zum Vorschein kommend, als man ihn abends vor das Fenster zieht.
Darauf also hat man den ganzen Tag gewartet,
während man etwas von einem Zimmer in das andere und wieder zurück trug,
während man den Staub von den Uhren wischte,
während man Messer zu Messer legte,
während man beim Einschalten einer Lampe jedesmal Angst hatte, die Glühbirne könnte mit einem Knall bersten,
während man auf den Anruf eines unbekannten Teilnehmers wartete,
während man seine Gedanken in alphabetische Ordnung brachte,
auf nichts anderes,
und während man das Insekt auf den Finger krabbeln lässt und hinaus vor die Tür trägt,
weiß man plötzlich, dass das Herz an seiner verwundbarsten Stelle spitz ist,
und just in diesem Augenblick sticht es zu.

Unter ständiger Beobachtung von Sonne und Mond,
lässt die Nacht einen kielholen.
Man überlebt den Tauchgang,
doch zögert man vor dem Auftauchen für eine Sekunde.
Undurchdringlich der Spiegel, von innen wie von außen,
unverständlich die geheimen Formeln der Lotsenschaft.
Was zum Beispiel bedeutet diese:
Reicht einander die Ruder, um sie in der Tiefe zu verbrennen!

Die Tür zur Dunkelkammer hält einen zurück,
als wollte sie wortlos dazu einladen,
sich diesen Schritt gut zu überlegen.
Man durchschreitet sie trotzdem,
hebt sie aus den Angeln und zerhackt sie mit der Axt zu Spänen.
Das Feuer, das sie nähren, bringt Licht in die Dunkelheit,
doch der Durchlass bleibt,
dröhnt verlassen und unheilvoll wie alle Kahlschläge.

Der Bildschirm ist schwarz.
Um das nackte Brot kreisen die Fruchtfliegen.
Ein Hund bellt sein Echo an.
Jenseits der Spiegelschrift
nährt sich die Geschichte von allen Seiten am Leeren:
Wenn es sein muss, wiederhole mich.

Man kann diesen Würfel wenden, wie man will,
immer blickt man auch in eine leere Augenhöhle,
die in blumigen Worten schweigt.
Doch alles eins – man legt den Würfel zu den anderen Körpern in die Dose und versperrt sie.
Bis er wieder zum Vorschein kommt, wirft man die ungültig gewordene Münze.
Der Applaus geht nahtlos über in den auffliegenden Taubenschwarm,
bricht den Stab ein zweites Mal,
macht die Erfindung des Rades rückgängig,
und jeder Tropfen klingt ein wenig anders als der letzte.

Der schwarze Wirbelsturm,
die Windhose aus Asche,
verfinstert das Haus,
in dem man die Ahnen bedrängt.
Absolute Regungslosigkeit.
Durch die Mauer hört man einen Weckalarm, auf den niemand reagiert.
Wir sprechen nicht, weil der Sauerstoff kostbar ist.
Würde man aus dem Fenster blicken,
sähe man die von den Reifen riesiger Baumaschinen aufgewühlte Erde,
den Garten verschwunden.

Das Innen und das Außen haben Platz getauscht,
nur die Tür geht in dieselbe Richtung auf wie immer.
Bevor man aus dem Freien eintritt, zieht man sich Jacke und Schuhe
an und löscht die Lichter.
Man ist nun um eine Schicht ärmer,
das Heimweh nagt am Herzen,
und der Schlüsselbund in der Hosentasche schlägt beim Gehen an das
Bein.
Im Innersten der Behausung ein blauer Schimmer wie von einer ver-
gessenen Gasflamme,
rundherum im Kreis die Hohepriesterinnen.
Nachdem sie einen entlassen haben,
durchschreitet man die Tür nach draußen,
entledigt sich seiner Kleidung
und stürzt zu Boden.
Glücklicherweise hat man das gelernt –
fallen, ohne sich zu verletzen.

Bevor die erste U-Bahn fährt,
steht man auf und blickt aus dem Fenster
in den immer noch glosenden Himmel.
Dann wickelt man sich das Leintuch um den Körper, legt den Gürtel an
und schleicht aus dem Massenlager,
bedacht darauf, niemanden zu wecken.
Man stiehlt dem schlafenden Wächter den Schlüssel aus der Tasche
und sperrt das Tor auf.
Im Laufschritt an den halbeingestürzten Ziegelmauern vorbei, quert man die verrosteten Schienen, zwischen denen Scherben liegen und schmutziges Gewand und Fragmente von Kinderspielzeug.
Von den Scheinwerfern ungesehen erreicht man das ehemalige Schrankenwärterhäuschen,
schlüpft schnell hinein und schließt die Tür hinter sich.
Hier ist man für kurze Zeit geborgen.
Zuerst riecht man den Duft, dann erkennt man im Halbdunkel auf den Fensterbänken Dutzende alter Einmachgläser, darin Sträuße von Basilikum.
Man streift das Leintuch ab und geht in die eine Ecke des Raums,
wo ein marmorner Torso schimmert.
Und gerade als man sich mit dem Gürtel an ihn zu binden beginnt,
setzen draußen die Sirenen ein.

Man will es nicht mehr sehen.
Weder das Material noch die Machart, das Gefüge, das Mahlwerk, die weiteren Optionen und die Zuschläge, die innere Automatik, die Regulierung, den Verlauf,
man erträgt es keinen Augenblick mehr.
Folgerichtig schaut man auf den Boden, auf dem man steht,
und orientiert sich an den Einsprengseln des geborstenen Terrazzos.
So geht man, vorsichtig wie über ein Minenfeld, einen Schritt nach dem anderen,
und die Hände in den Hosentaschen zählen währenddessen heimlich das diamantene Korn.

Am Himmel ein Drohnenballett,
auf dem Asphalt aufgeklebte Fußabdrücke,
die einem zeigen, wohin man sich stellen soll,
um das Spektakel zu verfolgen.
Am Ende der Schau fliegen die Drohnen eine Endlosschleife.
Die Zuschauer klatschen in die Hände und freuen sich,
denn sie alle tragen Endlosschleifen als Tätowierung auf ihrem Körper.
Oder sollen es Sanduhren sein?
Abseits, regungslos und schweigend, eine junge Frau,
sie trägt ein Wandertaubenkostüm.
Als das Spektakel zu Ende ist,
streuen ihr einige Besucher Styroporkrümel als Futter hin.
Bald schon sieht es aus, als hätte es einzig rund um die Frau geschneit.

Es ist müßig, die Münze zu werfen,
denn auch auf ihrer Kehrseite ist mittlerweile eine Zahl eingeprägt.
Den eigenen Doppelgänger hingegen erkennt man nicht hinter seiner Larve.
Es bringt auch nichts, ihn zu ersuchen, sie abzunehmen, denn sie lässt kein Wort passieren.
Man kann immerhin vermeiden, zeitgleich mit ihm dieselben Bewegungen zu machen.
Auf der Spiegellinie trippelt derweilen eine Greisin dahin wie auf einem Drahtseil unter der Zirkuskuppel.
Alle paar Schritte summt sie einen Ton und klappert oder rasselt mit etwas, das man nicht genau erkennen kann, vielleicht Kastagnetten.
Der Doppelgänger und man selbst, das einzige Augenpaar in der Manege.
Bevor die Greisin fällt, läutet sie mit einer Glocke.
Man ist da, um sie aufzufangen.

Es ist so finster in letzter Zeit, meint die Verkäuferin und blickt feindselig aus dem Fenster.
Auf dem Glas Schneeflockenaufkleber,
auf dem Gehsteig vor dem Geschäft ein einzelner zugeschneiter Kinderfäustling.
An der Bushaltestelle steht ein Verrückter und schreit,
die anderen Wartenden, im Sicherheitsabstand, in ihre Bildschirme vertieft.
Als der Bus kommt, steigt der Verrückte nicht ein, hört aber auf zu schreien.
Dann zieht er wie ein Illusionskünstler eine Mütze aus seiner Jackentasche, darauf zu lesen: FUCK WINTER.
Er setzt sie auf und sagt etwas zu einer Krähe, die ein paar Schritte entfernt einen Müllsack aufhackt.
In diesem Moment bricht die Wolkendecke einen Spalt weit auf, die Sonne stellt alles in ein anderes Licht,
und es begegnet einem ein älterer Mann,
der kunstfertig und bemerkenswert zuversichtlich das Lied von Sacco und Vanzetti pfeift.

Man kann die Augen kaum noch offen halten,
doch schließt man sie, hört man hinter den Mauern dumpfes Schaben und Rieseln und nur das.
Jemand schlägt zornig eine Tür zu,
immer wieder vergeblich, denn ein kleines Stück Tierfell verhindert das Zuschnappen des Schlosses.
Jemand anderer klopft mit dem Fingernagel an die Membran, die sich zwischen seinem Innen und dem Außen gebildet hat.
Wieder ein anderer versucht, seine Hände zu verschlucken, bringt es aber einfach nicht übers Herz.
Nicht die Augen schließen, appelliert man an sein Gewissen,
doch selbst die Träume sind nicht luftdicht,
und irgendjemanden gibt es immer, der singt.

Schon wieder ein Tag ohne Nachricht.
Im Zehnminutentakt legen die Schiffe an, keines bringt den ersehnten Brief.
Die Fahnen aller Herren Länder hängen zerfetzt vom Hotelbalkon, man sitzt ganz oben im kleinsten Zimmer und blickt auf den Hafen.
Im Kleiderkasten hat man einen Stapel alter Zeitungen gefunden, die man sich unter die Wäsche stopft.
Der Wind dreht langsam von Nord auf Nordost,
und in der Nacht wirbeln die Sterne durch die Luft.
Am Morgen, man ist immer noch wach und übersatt von Hoffnung, sieht man aus der Ferne eine Frau allein über das Hafengelände gehen.
Sie trägt etwas Eigenartiges auf ihrem Kopf.
Am Ende der letzten Mole, für die riesigen Schiffe zu schmal, um anzulegen, bleibt sie stehen und dreht sich um.
Man nimmt das Fernglas zur Hand und kann nun deutlich erkennen:
Sie trägt eine Krone aus goldfarbenem Karton von einem Kindergeburtstag in einem Fastfood-Lokal, und auf ihrem T-Shirt ist zu lesen:
MISS LOVE.

Was für eine Prozession!
Vorneweg einer, der eine Fahne trägt,
darauf eine Sonne, doch nicht die unsere.
Dann die Musikanten.
Aus der Trompete hängen Eiszapfen,
und das Akkordeon verliert permanent Töne.
Zuletzt die, die den Mörtel anmischen.
Dazwischen nichts, nicht einmal ein Kenotaph,
und trotzdem stehen in einiger Entfernung
zehn schwarze überlebensgroße Gestalten,
die genau zu wissen scheinen, worauf sie warten.

Nahezu unbemerkt verschwinden einzelne Buchstaben,
wie Steine, die von einem Berg abbröckeln und talwärts rutschen.
Häufiger noch ein Felssturz,
mit ihm verschwindet ein ganzes Wort,
und ein Bergrutsch verschlingt eine komplette Satzreihe.
Unter der Schlammlawine begraben liegen Trostworte und Verwünschungen,
und anstatt von Gerätschaft für Aufräumarbeiten und Wiederaufbau kommen Planierraupen.
Es entsteht eine große asphaltierte Fläche,
ein Parkplatz, vielleicht für einen Supermarkt.
Doch unter dem Asphalt strahlen die zum Verschwinden gebrachten Buchstaben und Wörter und Sätze noch in Äonen und treten in den Kindeskindern unaustilgbar wieder zutage.

Jeden Tag, so kommt einem vor, dauert die Überfahrt einen Ruderschlag kürzer.
Währenddessen sitzt man am Bug, blickt mal ins Wasser, mal auf die Bordplanken.
Der Fluss, an einem Tag zurückhaltend, anderntags hemmungslos, führt immer Treibgut mit sich,
das man aus Langeweile oder einem vagen Pflichtgefühl herausfischt und an Deck wirft.
Womöglich aber auch nur, um das Schiff schwerer zu machen, damit der Fährmann langsamer vorwärtskommt.
Dies bedenkend legt man den Kopf in den Nacken.
Über einem spielen die Krähen miteinander, und das Geräusch ihrer Flügelschläge klingt wie das sanfte Klatschen des Ruders.

Es stimmt alles nicht.
Im Inneren ist es nicht ruhig.
Die flackernden Deckenleuchten zwinkern einem nicht zu,
die Wunde verheilt nicht.
Vielmehr ist das Glas am oberen Rand ausgeschartet, so dass man sich beim Trinken die Lippe aufschneidet.
Der Kühlschrank sirrt.
Der Jugendliche, von den Vorgängen auf seinem Bildschirm in Beschlag genommen, sitzt die ganze Zeit über regungslos da.
Es ist nicht ruhig im Inneren.
Es stimmt alles nicht.

Im Trojanischen Pferd steckt ein zweites Trojanisches Pferd,
darin sitzt Tantalos und greift nach einem Stern.
Von beiden Heerlagern aus deutlich zu erkennen ein Regenbogen,
jedoch ist nur sein rotes Segment sichtbar.
Ein schlechtes Zeichen, wie die Medien kolportieren.
An den Enden des Regenbogens, der dem Meer zu entspringen scheint,
liegt in dunkler Tiefe je ein algenüberwuchertes Flugzeugwrack.
Man kann noch die Namen am Rumpf lesen:
Endeavour und Discovery.
Sie werden über Jahre vor sich hinrosten.
In der Zwischenzeit quillt Schaum aus den Nüstern des ersten Pferdes,
was von den Medien als gutes Zeichen interpretiert wird.
Doch die wenigsten wissen, dass in seinem Bauch eine Geburt stattfindet und wer dabei hilft.

Im Traum schneit es.
Die Toten gehen mit den Lebenden spazieren,
man selbst hat noch Platz für genau ein Foto.
So blickt man abwägend durch den Sucher:
Hier der halb offene Kleiderkasten, da die geschlossene Tür, dort das Bücherregal, daneben die Schrankwand.
In dem Moment, da man auf den Auslöser drückt, wird alles verschwinden,
einverstanden?
Dichte Flocken fallen in den Lichthof,
die Stimmen hinter der Tür werden lauter.
Im Kleiderkasten liegen, gewaschen, gebügelt und gefaltet, die Socken, Hosen und Leibchen.
Im Regal klappt sich ein Buch von selbst auf.
Der Einbauschrank ist leer.
Unschlüssig schwenkt man die Kamera hin und her.
In letzter Sekunde richtet man sie auf die Tür und drückt auf den Auslöser.
Die Tür öffnet sich, man schlägt die Augen auf,
die Toten gehen mit den Lebenden spazieren.
Draußen schneit es immer noch,
und über sich hört man die Tauben gurren,
einverstanden.

Die Aufgabenstellung kommt einem bekannt vor,
vielleicht weil sie vor Unbekannten strotzt.
Ein Plastikglobus.
Der Singsang eines Muezzin im Handy-Shop.
Ein Weihbrunnbecken aus Marmor, darin das Wasser gefroren.
Die körperwarme Münze, die man in die Hand der Süchtigen legt,
und zuletzt der Wahnsinnige, der einem zuraunt:
Kannst du mir bitte kurz weh tun?
Der Durchgang steht offen, neben der Tür ein Eierkarton.
Man stehle daraus nur ein Ei, denn mehr braucht man nicht, stecke es in die Tasche und umfasse es mit der Hand, damit es nicht zerbricht und die Gleichung aufgeht.

An der Grenze muss man wie üblich seinen Namen abgeben, erst dann darf man übertreten.
Auf der anderen Seite erledigt man die vertrauten Aufgaben,
löscht das Wasser, verbrennt das Licht.
Es ist ein Wunderland.
Will man es wieder verlassen,
findet man den Grenzposten leer.
Auf dem Tisch im Zollamtsbüro ein Zettel, darauf der eingangs abgegebene Name.
Aus dem Nebenraum sind Froschquaken und Mäusegefiepe zu hören.
Es gilt, die dünne Grenzlinie entlang zu balancieren.

Man wird auf eine Bühne geleitet,
hell von Scheinwerfern angestrahlt,
und soll so tun, als wäre man allein,
unbeobachtet, ganz bei sich, damit beschäftigt,
ein Gedicht zu schreiben.
Die Besucher laut wie vor Beginn einer Aufführung.
Haben sie nicht begriffen, dass es längst begonnen hat?
Das Scheinwerferlicht so hell, dass der ganze Zuschauerraum schwarz ist.
Man sieht nur den Tisch, an den man sich setzt,
darauf das Blatt Papier und die eigene Hand,
die einen Stift hält und schreibt, und den Schatten,
der, immer wenn die Hand absetzt, um beim nächsten Wort zu landen, aussieht, als würde er kurz Luft holen.
Wie soll man ein Gedicht schreiben, dermaßen unter Beobachtung, bei diesem Lärm?
Vielleicht sollte man nur so tun, als schriebe man.
Einfach beliebige Wörter aneinanderreihen,
und allein die Zuschauer in den Logen mit ihren Operngucken würden es vielleicht merken.
Doch irgendwann hat man die Anwesenheit des Publikums vergessen.
Die Scheinwerfer werden abgeschaltet,
der Schatten der schreibenden Hand wird vom Dunkel verschluckt.
Die Augen haben sich an das Düster gewöhnt.
Der Zuschauerraum ist leer,
nur hier und da flattert noch ein einzelnes Wort durch den Saal wie ein verspäteter Vogel vor der Nacht.

Man ist noch am Zusammenpacken, als die neuen Mieter schon einziehen.
Wir sind unserer Zeit voraus, sagen sie und gehen heiter durch die Räume, die man verlassen muss.
Auf dem schweren schwarzen Schreibtisch bauen sie ihre Sammlung von Wachsfiguren auf.
Als man versehentlich an den Tisch stößt und ein Wachspferd sich einen Huf abbricht, reagieren die neuen Mieter euphorisch.
Man stopft das Bettzeug in einen alten Überzug und merkt schon, dass sich das alles nicht ausgehen wird.
Laufend werden weitere Umzugskartons hereingetragen, und das Mobiliar, das man noch abzutransportieren hat, wird immer größer und schwerer.
Auch die Zimmer werden größer, während man sie ein letztes Mal durchquert.
Hunderte Regale und Kästen mit Büchern, aber da hat man bereits eingesehen, dass man sie zurücklassen muss.
Die Zwangsversteigerung beginnt, und die neuen Mieter fluten die Wohnung mit ihrem sportlichen Elan.
So wird man hinausgeschwappt.
Plötzlich der Signalton einer eingegangenen Nachricht, doch man ist unsicher, ob er nicht aus einem selber gekommen ist:
Wir sind da.

Der weißgraue Himmel,
der sich in den Lacken auf dem Parkplatz des Einkaufszentrums spiegelt.
Die Dohlen über dem Wäldchen neben der Tankstelle.
Überall Schilder, darauf Pfeile, die ins Nirgendwo weisen.
Dazwischen kahle Stellen mit unbrauchbar gemachten Wörtern,
und das ist nicht einmal alles.

In der kleinen, engen Kanzel des Hochstands,
ein Brett als Sitz,
und der Wind hat durch die Luke Schnee geweht.
Da sitzt man und blickt auf den Futterplatz.
Neben sich das Gewehr mit dem Schalldämpfer, da sitzt man und schaut durch die Luke auf den Futterplatz im Wald, wohin die Rehe kommen.
Benagte Rüben, beleckte Salz und Heu in Büscheln, ein Trog mit gefrorenem Wasser,
gefroren auch die Tritte im Schlamm.
So sitzt man und wartet,
blickt durch die Luke,
neben sich das Gewehr mit dem Schalldämpfer,
und es weht ein bisschen Schnee herein.
Man wartet, und die Dämmerung schleicht sich ein, und der Schnee fällt dichter,
und man wartet, gequält von Hunger,
eine Handvoll Schnee.
Immer dunkler wird es, und heimlich steht man auf, lehnt das Gewehr mit dem Schalldämpfer an die Wand der Kanzel, öffnet die Tür, klettert hinunter und
geht leise,
Schritt für Schritt,
zur Futterstelle,
Rüben, Salz und Heu,
gefrorenes Wasser,
eine Handvoll Schnee.

Im leeren Kaffeehaus sitzend,
verliest im Hintergrund
die Stimme aus dem Radio
die Nachrichten des Tages –
ein Anschlag,
weitere Waffenlieferungen
sowie neue Fälle einer Tierseuche –
rückwärts
und macht damit alles ungeschehen.
Im Anschluss an die Nachrichten ein vertrautes Lied,
ebenfalls rückwärts,
als würde ein Sturm
alle Stimmen und alle Töne und Klänge umstülpen und in die Gegenrichtung blasen.
Durch diesen Rückstrom zwängen sich die Gedanken.
Bereitwillig verliert man den Faden und lässt den Blick schweifen,
als wären die Umstände gerade jetzt günstig dafür.
Und wirklich –
hinter einem Fenster im Haus auf der anderen Straßenseite Faschingsgirlanden
und drinnen im Kaffeehaus ein an die Korkwand hinter der Theke gepinntes Foto,
das eine alte, schwarz gewandete Frau zeigt, die an einem Tisch sitzt und ins Leere schaut.
Also macht man sich wieder auf den Weg,
schultert das Gepäck, den Rucksack voll Salz.